AF245772

LETTRE

A M. LE VICOMTE

DE SAINT-CHAMANS.

Paris,
Imprimerie de Cosson,
Rue St. Germain des Prés,
N° 9.

LETTRE

D'UN PLÉBÉIEN

A L'HONORABLE Vte DE St-CHAMANS,

EN RÉPONSE

Au paragraphe de son Discours sur le Budget
DU 9 MAI 1827,

PRÉSENTANT CETTE DOUBLE QUESTION :

1° Si le dégrèvement sur la propriété foncière est TOUT-A-FAIT insuffisant.

2° Si la consommation des propriétaires oisifs est doublement utile à l'État.

ET EXAMEN DES QUESTIONS SUIVANTES :

1° Sur la nature de la légitimité que l'Espagne s'attribue sur l'Amérique.

2° Si le consentement libre donné par Ferdinand au commerce de l'Europe avec ses ex-colonies, ne dispense pas la France des ménagemens politiques dont elle use envers ce prince.

3° Si les éventualités, telles qu'elles soient, peuvent affecter à l'avenir des traités de commerce conclus avec la stipulation expresse de neutralité.

Et quels sont les avantages à retirer de ces traités.

PAR UN AMI DU COMMERCE.

PARIS,

BÉNARD, RUE SAINTE-ANNE, N° 71.

MONGIE, BOULEVARD DES ITALIENS, AU COIN DE LA RUE D'ARTOIS.

PONTHIEU, PALAIS-ROYAL, GALERIE DE BOIS.

ET CHEZ LES MARCHANDS DE NOUVEAUTÉS.

1827.

LETTRE

A M. LE VICOMTE

DE SAINT-CHAMANS,

MEMBRE DE LA CHAMBRE DES DÉPUTÉS.

Paris, 22 mai 1827.

MONSIEUR LE VICOMTE,

Un honorable membre, dans un des débats sur le budget élevés dans la Chambre des Députés, s'était plaint du dégrèvement de la contribution foncière, et avait prétendu qu'il n'était point de l'intérêt de l'état de laisser aux propriétaires oisifs des sommes de dégrèvement qui ne sont point des capitaux rendus à la production.

C'est ce que je lis textuellement dans le numéro du *Moniteur* du onze de ce mois.

Vous, monsieur le vicomte, en brave champion des priviléges abolis, il y a tout à l'heure quarante ans ; vous, membre influent dans la majorité de la Chambre des Députés, vous qui vous piquez, m'assure-t-on, de connaissances

1

en économie politique, vous avez pris sur vous de répondre dans la séance suivante à votre honorable antagoniste.

Je lis les premières lignes de votre réponse, et j'y vois que *les réflexions de notre honorable collègue sont une suite du malheureux système qui a causé les embarras de l'industrie du monde entier.* Vous développez ensuite vos argumens, où vous cherchez à prouver que les propriétaires oisifs sont DOUBLEMENT UTILES, et comme consommateurs, et comme retenant des sommes de dégrèvement qui heureusement, selon vous, *ne sont pas destinées à devenir de nouveaux capitaux.* Vous ne vous êtes pas même aperçu que le mot *industrie* en lui-même requérait la présence et l'action des capitaux, et que tout en reconnaissant la nécessité de l'industrie, vous la proscriviez en voulant la priver de son principal appui.

Ce sont là des erreurs graves, monsieur le vicomte, des erreurs dangereuses à la société dans l'état actuel de sa constitution, dans ses besoins intérieurs, dans ses rapports avec les nations étrangères, où l'industrie reçoit les développemens que vous voulez arrêter chez nous; elles ne tendent à rien moins, d'un côté, qu'à faire rétrograder au commencement du dix-huitième siècle notre industrie manufacturière, qui, dans le dix-septième, était la pré-

mière du monde, et qui s'anéantit rapidement
par les déplorables résultats de la révocation de
l'édit de Nantes en 1685, et par le mépris que
la noblesse toute puissante parvint à inspirer
pour le commerce.

D'un autre côté, alors même que les autres
puissances accroissent sensiblement leur force
par la richesse commerciale (et c'est un fait
avoué par tous), vos erreurs tendent à nous affai-
blir, à nous faire descendre au dernier rang dans
la balance politique, et à nous placer à la merci
des influences prépondérantes, quelque supé-
rieure que soit notre territoire en étendue et en
population, quelle que soit l'étendue du territoire
et la population d'un état quelconque ; car nous
sommes enfin corrigés de cette funeste erreur du
vieux temps où l'on pensait que la force réelle d'un
empire consistait uniquement dans l'étendue de
son territoire, et dans le nombre des hommes
qui le peuplaient. Voyez, monsieur le vicomte,
la république de Venise résister dans le trei-
zième siècle à la formidable puissance otto-
mane, et plus tard, la Hollande s'opposer avec
succès aux entreprises hardies de Louis XIV ;
voyez ce grand souverain même demander l'alliance de cette petite-république et son assis-
tance dans sa fameuse guerre contre l'Espagne
et l'empire d'Allemagne. Ces deux républiques

n'avaient pourtant que des populations d'à peine deux millions d'habitans. Telle a été, telle sera dans tous les temps la puissance des petits comme des grands états commerçans qui ont su et qui sauront apprécier les bienfaits prodigieux de l'industrie, et des capitaux qui la vivifient.

Si vous eussiez simplement publié vos pernicieuses doctrines dans une brochure, je me serais gardé de harceler le repos de votre chef-d'œuvre ; je l'aurais laissé dormir paisiblement dans les rayons poudreux du magasin de votre libraire ; mais vous l'avez gravement débité à la tribune nationale, et vous avez été paisiblement écouté, sans demande de clôture, au milieu d'une honorable assemblée, dont la majorité est depuis long-temps habituée à la confiance dans vos lumières, dans vos discours ; et l'écho de votre éloquence est allé de là tribune retentir immédiatement, par le canal des feuilles publiques, dans tous les coins de la France. Je ne sache pas qu'il ait été répondu à cette partie de votre discours sur les finances ; ces circonstances m'engagent donc à prendre la plume ; je vais vous suivre ligne pour ligne dans le paragraphe du *Moniteur* relatif au point d'économie politique que je combats.

Vous débutez, monsieur le vicomte, par

déclarer que vous *regardez comme tout-à-fait insuffisant le dégrèvement ordonné par une loi, de la contribution qui frappe sur les propriétés foncières.*

Et vous n'avez pas vu qu'un tel dégrèvement est une injustice révoltante, en tant que l'impôt restant n'est pas en rapport exact avec la somme des autres contributions que paient toutes les classes de la société qui ne sont pas propriétaires ; bien plus révoltante encore, quand il est accordé à des hommes qui ne le demandent pas dans le dessein de les rendre inéligibles à la Chambre élective !

Tout-a-fait insuffisant ! tout-a-fait est trop vague ; pourquoi n'avoir pas franchement posé la limite de la réduction ? pourquoi n'avoir pas dit : d'un tiers, de moitié, des trois quarts ? Oh ! je conçois le *pourquoi* : si votre éloquence n'eût pas été enchaînée par cette impérieuse opinion qui comprime votre haine pour les institutions modernes que commande l'état de la société sortie des ténèbres qui obscurcissaient les facultés intellectuelles de nos pères, vous auriez demandé, monsieur le vicomte, la suppression entière de la contribution pour vous et pour vos amis redevenus grands propriétaires fonciers ; fidèles en ce point, comme en beaucoup d'autres, à ce vieux et bon système qui accordait tant de priviléges, tant d'exemptions aux familles nobles, qui mettait exclusivement à leur disposition toutes les fonctions publiques; qui ne voyait l'état, tout l'état que dans les familles dont les titres et les parchemins avaient passé au creuset du généalogiste Cherin; peut-être même, sans cette effrayante opinion, n'en seriez-vous plus à reclamer tous ces antiques priviléges, comme vous appartenant *de droit naturel*, *de droit divin*, et vous auriez, suivant l'usage, assaisonné ces réclamations de ces mots magiques, *légitimité*, *royalisme*. Mais vous ne l'avez pas osé, monsieur le vicomte; pour cette fois encore, nous en sommes quittes pour la peur. Le dégrèvement reste tel qu'il est, et vous en êtes réduit à des vœux pour la résurrection de vos anciens priviléges. Vous êtes pourtant, monsieur le vicomte, un député envoyé par le peuple à la chambre élective pour faire des lois organiques de la Charte, pour balancer le pouvoir ministériel, et pour vous opposer aux usurpations que les ministres pourraient tenter de nos libertés publiques!

Non, monsieur le vicomte, ces priviléges ne peuvent renaître de leurs cendres : ils sont trop loin de nous ces temps ténébreux où deux seules classes couvraient la surface de la France, celle des nobles, celle des vilains, où les charges de l'état étaient exclusivement supportées par ceux-ci ; ces temps où leurs membres , leurs vies , leur travail , étaient la propriété de leurs ignorans et cruels tyrans ; où le bon seigneur féodal daignait recevoir du vilain croupissant, comme le Laponais, dans des huttes creusées à l'entour de son château-fort , la denrée que le malheureux serf avait produite et dont celui-ci recevait le prix offert le genou en terre. Pour nous, hommes du dix-neuvième siècle, nous ne voulons plus de maîtres aussi magnanimes, nous avons la simplicité de n'accorder de distinction à la noblesse que quand elle surpasse la roture en mérite , en utilité ; et, rebelles aux décrets divins enfantés par l'imagination , nous traitons ces nobles sur un pied égal dans les transactions de la vie.

Vous prétendez , monsieur le vicomte , que *les propriétaires oisifs sont doublement utiles à l'industrie et au commerce et par conséquent à l'état ; qu'ils sont utiles : 1° en ce qu'il dépensent les revenus qu'on leur laisse , et qu'ils offrent ainsi un débouché de plus aux produits de l'industrie et du commerce , et que ce débouché de plus est ce que l'un et l'autre demandent avant tout , ce qu'on réclame pour eux.* C'est la phrase copiée mot pour mot du *Moniteur.*

Si vous vous fussiez contenté de dire que les propriétaires oisifs étaient utiles , sans ajouter *doublement ;* si vous n'eussiez cherché à démontrer cette double utilité, dans la suite du paragraphe, je n'aurais pas en ce moment la plume à la main pour vous répondre ; je me serais contenté de comparer en silence leur utilité à celle du lazaroni de Naples, à celle du mendiant d'Espagne qui ne peuvent faire autrement que de consommer les pitances qu'ils reçoivent, parce qu'ils sont hommes, et que, comme les autres hommes, ils ont besoin de vêtemens pour couvrir leurs corps, et d'alimens pour réparer leur force physique.

En généralisant ces expressions de *propriétaires oisifs*, vous entendez sans doute comme moi, monsieur le vicomte, le plus grand nombre d'entre eux, ceux qui règlent leur dépense sur leur revenu et qui en consomment la totalité ; mais il y a d'autres nuances : il en est de prodigues qui consomment capital et revenu, et qui finissent leur vie dans la misère ; ils ont été certainement les plus grands consommateurs dans le cours de leurs prodigalités ; or, prétendez-vous qu'ils étaient alors les plus utiles à la société ? Voilà pourtant où mène votre système.

Il en est d'autres encore, et le nombre n'en est pas rare, qui consomment très-peu de leur revenu, et dont l'avarice et la sécheresse de cœur en accumulent la majeure partie ; préten-

drez-vous pour ceux-ci *qu'ils sont utiles et dou-*
blement utiles à l'industrie et au commerce avec
leur or accumulé, et qu'ils retiennent caché
pour lui éviter le grand malheur de devenir capital?

Non, monsieur le vicomte, non ; cette double classe, loin d'être utile à la société, en est le
fléau. La prodigalité des premiers est une consommation improductive, et leur pauvreté définitive est une charge pour les hommes indus-
trieux. L'avarice des seconds retient la consommation que vous prêchez vous-même, et ce sont
de tels individus, car vous ne faites point de
distinction, que vous ne trouvez pas suffisamment
dégrevés, et qu'il faut bien vite dégréver dans
un double but d'utilité.

Que l'artisan laborieux, au contraire, soit pro-
digue, son travail répare sa prodigalité ; qu'il
soit avare, la société ne cesse de jouir et de
profiter de son travail. S'il accumule, sa lési-
nerie n'a d'autre tendance que de faire fructi-
fier ses économies; la soif du gain finira par en
faire un riche négociant, et il laisse après lui un
bon exemple d'industrie et d'économie.

Et c'est de telles classes de *propriétaires oisifs*
confondues sans distinction, que l'industrie et
le commerce *demandent avant tout la consomma-*
tion ! Ces hommes seraient-ils donc, dans votre

opinion, les seuls ou les plus grands consommateurs? Serait-il possible que vous ignorassiez
encore que la généralité des citoyens français
n'est pas propriétaire, que la France ne compte
pas dans cette classe la dixième partie de sa population? Que plusieurs des autres classes se
composent de capitalistes, de manufacturiers,
de négocians, de marchands et d'autres professions, de fermiers même qui n'ont pas un
pouce de terre, et qui cependant ne le cèdent ni
en richesses ni en aisance aux grands propriétaires? que faites-vous alors de ces neuf dixièmes qui ne sont plus des vilains? n'entrent-ils
pas dans la balance de la consommation pour une
quantité proportionnée à leur nombre et à leurs
richesses? et la population ouvrière, en un mot,
ne consomme-t-elle pas à elle seule plus que
toutes les autres que je viens de décrire? est-il
une de toutes ces classes qui ne soit plus utile
par son industrie, son activité et son travail que
celle des propriétaires oisifs?

Vous le savez, monsieur le vicomte, l'oisiveté
est le fléau de la société, *la mère du vice*. Celui
qui vit dans l'inaction, sans emploi, sans profession, peut-il par cela seul qu'il est propriétaire,
se dire *doublement utile?* Un législateur peut-il,
de bonne foi, proclamer à la tribune un para-
doxe aussi dangereux et faire ainsi l'éloge de l'oi-

siveté? Aux États-Unis, les rétributions des fonctionnaires publics, même les plus élevés, sont extrêmement modiques. Quelle en est la raison ? C'est parce que la loi constitutive de l'union suppose dans tout citoyen quelconque une profession habituelle pour le faire subsister; que le traitement modique n'est qu'une compensation de ce qui lui est dû pour le temps qu'il emploie aux affaires publiques, et que les profits de sa profession suppléent à la nécessité de la compensation. Quand il rentre parmi ses concitoyens, il retrouve alors sa profession qu'il peut exercer pour subsister sans en être désormais détourné, il y retrouve les mêmes profits. Est-ce là une loi morale? Oui, sans doute; aussi les États-Unis prospèrent; cette loi n'est-elle pas préférable à notre détestable système où il est reçu qu'un haut fonctionnaire public, entré pauvre dans ses fonctions, doit s'y enrichir et se retirer avec une forte pension, qu'il l'ait ou non méritée? Qu'en pensez-vous, monsieur le vicomte ?

Ainsi, tout ce que je puis vous accorder, est que le propriétaire qui ne fait que consommer, est utile, pas autrement utile que le lazaroni de Naples, le mendiant d'Espagne, à la seule différence qu'il consomme davantage; cette utilité est seulement passive et obscure; sa consommation est improductive, et alors qu'il laisse dans l'inactivité ses facultés intellectuelles et corporelles, sa patrie ne lui doit pas plus de reconnaissance qu'au mendiant.

Dieu me garde de faire allusion à votre honorable personne, monsieur le vicomte ; vous êtes propriétaire, mais en même temps législateur, et vous en exercez les fonctions élevées avec un zèle utile à vos amis, vous êtes dignement employé, vous n'êtes donc pas un *propriétaire oisif*.

Après avoir dit que la *consommation du propriétaire oisif est un débouché de plus que l'industrie et le commerce réclament et demandent avant tout*, vous ajoutez QU'ON VA CHERCHER CE DÉBOUCHÉ BIEN LOIN, *au prix de tous les principes de la morale, de la politique et de la légitimité*.

Je crois remarquer dans ces expressions BIEN LOIN une haine bien prononcée contre toute spéculation étrangère, contre le commerce extérieur ; une sorte d'explosion de colère concentrée contre l'une et l'autre ; enfin, une verte réprimande adressée à nos honnêtes négocians qui, en même temps qu'ils s'occupent à améliorer leur bien-être et celui de leur famille, tentent d'affranchir leur patrie du tribut de l'importation onéreuse et humiliante par la voie de l'interlope, d'articles étrangers dont la France ne peut se passer.

En seriez-vous encore à ignorer, ou à ne pas reconnaître la nécessité du commerce extérieur pour une grande nation comme la nôtre, qui a des surplus et qui n'a pas tout ce qui lui est nécessaire?

Auriez-vous lu, sans profit, l'ouvrage publié, il y a trois ou quatre ans, par un de vos hohorables collègues (M. de Vaublanc), qui pourtant vote généralement avec vous dans la Chambre?

Vous me forcez à vous rappeler, monsieur le vicomte, les élémens qui constatent la nécessité du commerce extérieur.

Le commerce de peuple à peuple, même de peuplade de sauvages à autres peuplades, est aussi ancien que le monde; c'est spécialement dans l'origine des sociétés civilisées que sa nécessité a été reconnue et sa marche régularisée : et pourquoi cette nécessité, monsieur le vicomte? c'est parce que le divin Créateur, dans sa sagesse éternelle, n'a distribué à chaque peuple vivant séparément que certaines espèces de biens particuliers à son sol ; de là suit que le sol d'un seul peuple ne produisant pas tout ce qui lui était nécessaire, il s'est trouvé dans l'obligation de recourir à son voisin pour l'obtenir.

De ce principe primordial en découle un autre : c'est qu'une contrée produisant ce qui

manque à l'autre, toutes deux ont nécessaire-
ment des surplus de produits qu'elles ne peuvent consommer; la France, par exemple, a
beaucoup plus de vins, de produits agricoles et
fabriqués qu'elle n'en peut consommer; mais
elle ne produit pas de sucre, de café, de coton,
d'indigo, de bois de teinture et une foule
d'autres denrées coloniales; et quoique sa su-
perficie soit fertile, les entrailles de la terre lui
refusent la plupart des métaux précieux et dont
elle ne peut se passer; de plus, elle manque de
divers autres articles. Eh bien, pour se procurer tout ce qu'elle n'a pas, il y a donc nécessité
pour elle de s'adresser aux Amériques, aux
Indes, à l'Angleterre, à la Suède et aux autres
pays avec lesquels la nécessité l'a mise en relations, et elle leur donne ses produits en
échange.

Voilà la nécessité du commerce extérieur bien
clairement prouvée; je passe à ses avantages.

Une nation peut être riche par la fertilité de
son territoire; mais à quoi lui servent ces riches
produits, s'ils ne sont mis en œuvre et en état
de consommation par la main d'œuvre? Le produit brut, sans le travail de l'homme, ne peut
passer dans le commerce, dans la consommation : il ajoute considérablement à la valeur
primitive du produit brut; le travail est donc

indispensable, il est donc la richesse réelle d'une nation; la classe ouvrière d'une nation est donc la partie la plus précieuse de sa population, et celle qui doit attirer plus spécialement la considération du législateur.

Cette population ouvrière, pour laquelle une certaine classe de propriétaires oisifs ont un mépris si invétéré, est celle-là même qui produit ces surplus que nos négocians expédient à l'étranger; et ce sont les échanges qu'ils en reçoivent et qu'ils distribuent à nos manufacturiers pour les fabriquer, et aux consommateurs, qui font la richesse définitive d'une nation. Si ces surplus, par l'impéritie et les vues étroites d'un gouvernement, restent dans l'intérieur sans pouvoir y être consommés, il y a engorgement, et cet engorgement produit l'inconvénient de priver de travail la population ouvrière qui tombe à la charge des riches et des propriétaires oisifs, car il faut qu'elle vive, et ce n'est pas sa faute si un député à la tribune lit des discours qui tendent à la priver de son travail qui est sa seule propriété; un second inconvénient est de priver également les classes aisées, même celle des propriétaires oisifs, des aisances de la vie qu'ils trouvent dans la consommation des produits étrangers reçus en échange.

La richesse et l'aisance générales d'une nation ne sont pas les seuls avantages qui résultent de l'emploi du travail. L'état ne gagnera pas moins à ce commerce extérieur. La consommation étant augmentée, les impôts le sont également, ils se paient avec facilité, et les revenus des douanes deviennent plus considérables. Voyez, monsieur le vicomte, la république fédérale des États-Unis payer avec ses douanes la presque totalité des charges publiques. Les finances de l'état sont en prospérité, le gouvernement est craint et respecté au dehors, parce que l'on sait qu'il est fort, et que dans l'événement d'une guerre il aura les moyens de la faire avec dignité et succès. Un pays qui n'a pas un commerce florissant au dehors, a un gouvernement faible et à la merci du plus fort; il ne peut avoir de politique à lui.

Voyez M. de Villèle dans sa guerre d'Espagne ; eût-il été un ministre habile et ferme, ce que je suppose pour un moment, si notre commerce extérieur avait été florissant, il n'aurait pas déclaré, forcé de s'expliquer dans un comité de la Chambre des Députés, qu'il valait mieux faire à l'Espagne une guerre, que la veille il avait déconseillée, que de s'exposer à une invasion de la part de la Russie. Un homme d'état ferme et patriote, aidé de l'esprit public et de la richesse

nationale, aurait résisté à la Russie, qui n'aurait pas osé nous attaquer, et les Français n'auraient pas à se plaindre d'une guerre injuste,
d'un emprunt ruineux et de dilapidations mon-
strueuses restées impunies.

Tels sont les avantages généraux du commerce extérieur que je défie que l'on conteste;
je suis réellement honteux de vous adresser des
vérités si triviales, mais vous m'y forcez par la
haine que vous manifestez publiquement contre
le commerce extérieur; je vais joindre l'exemple
au précepte.

Je suppose, monsieur le vicomte, qu'ayant
l'honneur d'être admis dans votre intimité, je
portasse la curiosité jusqu'à vous demander le
lieu de l'origine de chaque article de vos vêtemens, de ceux de votre famille, ou des ingré-
diens qui seraient entrés dans leur fabrication;
que je passasse en revue chaque article de votre
mobilier, et de tous vos effets, et des substances
qui ont concouru à leur formation, enfin que je
comprisse dans ma revue certains articles de
bouche de production étrangère; je suis certain
qu'en réponse à mes questions minutieuses,
vous m'indiqueriez avec précision le lieu d'origine de chacun de ces objets; puis, que disant
de suite que tous ces objets ont été échangés

contre les surplus de nos vins, de nos soieries, de nos draps et de nos articles de luxe recherchés par l'étranger, vous me répondriez, à l'instant, OUI, CERTAINEMENT OUI ; eh bien ! ce *oui* serait la réfutation la plus complète de la phrase que je combats, la preuve la plus démonstrative de la nécessité et des avantages d'un commerce extérieur, n'importe qu'on me dise que les articles étrangers ne sont pas d'une nécessité aussi absolue que le pain, le vin et la viande que nous avons chez nous, dès là que je les trouve chez vous et partout ailleurs comme étant d'un usage général.

... Poussant ensuite mes questions et mes réflexions plus loin, j'imagine que je parviendrais à vous persuader, monsieur le vicomte, que de toutes les productions de la France, les plus désirables sont celles qui sortent des ateliers de nos fabriques, parce qu'elles donnent un travail utile à une nombreuse population, et de grands profits aux fabricans ; et vous finiriez par concevoir que l'aisance des uns et la richesse des autres augmentant considérablement la consommation des produits agricoles, l'intérêt de vos fermiers les exciterait à produire davantage ; et à l'expiration de leurs baux cette augmentation de produits vous ferait augmenter le prix des fermages. C'est ainsi que par des voies indirectes, mais qui arrivent sûrement au but, vous vous trouveriez posséder de plus grands revenus dont la source serait dans le commerce extérieur contre lequel vous avez jusqu'à présent déclamé.

Eh ! que sait-on ! nouveau converti, peut-être regretteriez-vous sincèrement d'avoir prononcé à la tribune cette phrase trop doctorale, et qui respire un peu d'arrogance : *Qu'on sache donc apprécier le débouché utile et certain qu'offriraient au producteur les propriétaires de la France débarrassés d'une grande partie du fardeau qui les accable.* Vous reconnaîtriez qu'il y a *des débouchés plus utiles et plus certains* que la consommation des propriétaires oisifs, et que ce *fardeau qui les accable* est, toute comparaison faite, plus léger que celui qui accable les autres classes de vos concitoyens. Peut-être même votre patriotisme, d'autant plus vigoureux qu'il serait neuf et dans la force de l'âge, vous exciterait-il à tonner à la tribune contre l'insouciance et l'ignorance de nos ministres dans les affaires du commerce extérieur, et contre les restrictions des tarifs de douane ; peut-être même iriez-vous jusqu'à demander avec énergie la formation d'une commission spéciale pour rechercher l'état présent de nos manufactures et de notre

commerce extérieur, et pour proposer des remèdes à la Chambre contre la stagnation qui
nous mine.

J'ai l'espérance que votre motion, avec l'influence que vous avez, serait couronnée du
succès, en dépit de l'opposition des ministres et
du président du bureau de commerce ; si, contre
mon attente, vous ne réussissiez pas, car peut-
être vous prouverait-on que votre motion em-
piète sur la prérogative royale, invention d'une
force magique qui sert à plus d'un usage, vous
auriez au moins la gloire d'avoir excité dans
l'esprit de quelques-uns de vos collègues l'amour
endormi du commerce, et, ce qui ne serait pas
moins glorieux, d'avoir fait parler du commerce
de France une fois dans cette session, d'avoir
forcé la discussion, toujours éludée, sur cette
cause première de richesses et de force ; et enfin
d'avoir appris aux habitans de nos départemens
qui ne connaissent pas la capitale, que nous
avons à Paris, comme l'Angleterre à Londres,
un président du bureau de commerce, qui est
aussi votre collègue à la Chambre (1).

J'avoue pourtant que, malgré mes espérances

______

(1) Ceci était écrit quand l'honorable M. Bignon a
forcé M. de Corbière, dans la séance du 19, de s'expliquer sur notre commerce.

de votre conversion, monsieur le vicomte, il
me reste une inquiétude assez vive. Vous seriez
disposé, je le vois, à favoriser le commerce
extérieur de toute votre influence ; mais vous
ne voulez pas qu'on *aille chercher des débouchés
si loin au prix de la morale, de la politique et de la
légitimité.* Ces sentimens honorent votre grand
caractère, monsieur le vicomte, et il m'est doux
de les partager avec vous. Je suis aussi partisan
que vous de la légitimité, car les troubles de la
Pologne m'ont appris combien elle est essen-
tielle à la tranquillité des peuples. Si cependant
je parviens à lever vos scrupules, à vous prouver
que notre commerce extérieur avec les nouveaux états de l'Amérique du sud, car c'est à
eux que vous faites allusion dans votre phrase,
ne blessent ni la morale, ni la politique, ni la
légitimité, je serai heureux d'avoir ramené au
bercail la brebis égarée : je vais essayer.

J'estime que vous n'imaginez pas, monsieur
le vicomte, qu'il y ait ombre d'immoralité et
d'impolitique dans l'acte innocent de l'échange
d'une pièce de vin ou d'une pièce d'étoffe de
soie contre un baril d'indigo ou une balle de
coton, n'importe avec qui que ce soit sur le
globe ; votre scrupule, je le sens, ne provient
que de ce que cet échange se fait avec des individus rebelles à leur souverain légitime, et par

cette raison vous condamnez le commerce avec eux comme immoral et impolitique. Ainsi la question entre nous se réduit à savoir si cet échange est contraire à la légitimité ; car ce qui est illégitime , n'est ni moral ni politique.

Vous êtes un publiciste par votre situation , vous l'êtes forcément, monsieur le vicomte , vous avez dû lire et méditer Grotius, Vatel , Puffendorf et autres écrivains célèbres ; vous savez , ou au moins vous ne devez pas ignorer que leurs maximes sont fondées sur les faits positifs , sur les usages que les souverains et les nations observent entre eux ; ces faits et ces usages consacrés pour la plupart dans les traités de paix , dans les conventions de commerce, forment ce qu'on appelle le droit des gens ; en s'y conformant on est certain qu'on ne viole pas le droit de légitimité ; je puis donc raisonnablement invoquer dans cette question les faits et les usages des temps modernes, des derniers temps. Je m'arrête d'abord à un premier fait d'une importance décisive.

L'Europe connaît les restrictions commerciales qui étaient jadis imposées par l'Espagne à toutes les nations dans les relations avec ses colonies d'Amérique ; sa politique n'avait voulu ni plus ni moins que le plus strict monopole de ce commerce. L'Espagne était maîtresse absolue

(23)

dans ses possessions d'outre-mer, et nul souverain n'avait le droit de lui imposer des conditions ; aussi tous les potentats du monde s'é-
taient-ils soumis à cette exclusion de leur commerce de l'Amérique du sud ; les fraudes, la
contrebande qui pouvaient se pratiquer n'étaient
qu'une exception confirmative de la prohibition
absolue.

Cependant, après quelques années d'une
guerre cruelle de la métropole avec ses colonies,
le cabinet de Madrid jugea à propos de se relâcher d'une rigueur que les circonstances avaient
rendue infructueuse ; et Ferdinand, il y a six à
sept ans, car je cite ici de mémoire, autorisa,
par une déclaration expresse, le commerce de
l'Europe avec ses sujets révoltés d'Amérique.

Dès ce moment, les peuples européens auraient pu profiter de cette autorisation pour ouvrir des communications de commerce avec
l'Amérique du sud ; mais leurs souverains cru-
rent voir dans l'exercice de cette autorisation
une infraction manifeste des droits de la légitimité. Un commerce qui n'est pas protégé par
des traités, par la présence d'agens diploma-
tiques et consulaires, est un commerce précaire
et dangereux, s'il n'est pas ruineux ; les sujets
s'abstinrent et durent donc s'abstenir de relations ouvertes avec l'Amérique. Il faut se sou-

venir que les résolutions prises en congrès par la sainte-alliance étaient alors la loi suprême et dictatoriale qui nous régissait ; et l'Angleterre qui, dans les idées spéculatives de son commerce, méditait déjà sa séparation politique d'avec la sainte-alliance si les résolutions de celles-ci venaient à froisser son intérêt mercantile, n'avait pas tardé à s'emparer adroitement de cette autorisation de Ferdinand comme d'un passeport pour entrer ouvertement dans l'Amérique du sud, pour ajouter des comptoirs publics à ceux secrets qu'elle y avait déjà, et pour y fonder, y étendre un commerce dont les profits enflammaient de plus en plus son ambition. Ferdinand pouvait reconquérir ses colonies et déranger les plans de l'Angleterre ; pour y mettre ordre, de nombreuses cargaisons d'armes, de munitions de guerre et d'argent furent expédiées des ports britanniques par des voies circuiteuses, en même temps que le cabinet de Londres prohibait ces exportations ; et des corps entiers de troupes s'embarquaient pour l'Amérique alors même que le parlement passait son *enlistment bill* (loi qui défendait l'enrôlement pour servir contre l'Espagne). Ces secours accéléraient l'émancipation des sujets révoltés des colonies espagnoles. Plus tard cette émancipation a été consommée par des emprunts faits à Londres, par des traités et des conventions de commerce, et finalement par une reconnaissance formelle de l'indépendance de quelques-uns des états américains.

L'Europe a connu chaque fait distinct de cette histoire à mesure qu'il se passait; les souverains de la sainte-alliance en avaient une connaissance intime et officielle, ce qui est prouvé par les remontrances qu'ils adressaient de temps à autre à l'Angleterre. Qu'avaient-ils à faire? ils n'avaient que cette alternative :

Ou de profiter de l'autorisation de Ferdinand, de permettre même de protéger le commerce de leurs sujets avec les colonies espagnoles, en observant toutefois la neutralité violée sourdement par l'Angleterre ; les fruits que leurs sujets auraient recueillis de cette politique auraient été partagés par eux dans un accroissement de leurs revenus, et ils se seraient épargné l'humiliation de recourir, pour des emprunts, aux caisses des banquiers et des marchands de la cité de Londres.

Ou s'ils persistaient à penser que, malgré cette autorisation de Ferdinand, la légitimité ne cessait d'être gravement compromise, c'était d'en solliciter de ce prince une révocation formelle, et pour rendre cette révocation efficace, de neutraliser les entreprises de l'Angleterre,

non à main armée, mais par la fermeture si-
multanée de leurs ports aux vaisseaux anglais
chargés à la fois des produits américains et des
produits manufacturés de l'Angleterre ; c'est la
seule sorte de guerre à faire à l'ambition de cette
puissance. Les décrets de Berlin et de Milan exé-
cutés avec concert et unanimité seront dans
tous les temps le frein le plus redoutable pour
l'Angleterre.

Mais qu'a fait l'Europe depuis dix ans ? qu'ont
fait les souverains ? L'Europe a sommeillé, les
souverains de la sainte-alliance se sont amusés
à discuter des questions oiseuses, si non liberti-
cides, à Aix-la-Chapelle, à Laibach, à Trop-
pau, à Vérone, et je ne sais où encore, et
pendant tout ce temps, l'Angleterre assise en
Amérique comme sur son propre terrain, y ré-
gnant par son influence, ses conseils et ses secours, y a moissonné les plus belles récoltes
de l'univers dont les richesses ont ravivé son
commerce chancelant ; et ce qu'il y a d'étrange,
ce qui pourtant est vrai, c'est que les souverains
permettaient l'importation des précieux produits
du Pérou, du Mexique, de Buenos-Ayres, de la
Colombie et d'autres états nouveaux ; de ces produits que leurs sujets ne pouvaient aller chercher
eux-mêmes sans violer les droits de la légitimité.

Bien que je dise que l'Angleterre seule s'est

emparée du vaste commerce de l'Amérique
méridionale, je sais très-bien que les États-
Unis du Nord ne se sont pas endormis sur
les avantages de ce commerce, et qu'ils en ont
recueilli leur bonne part ; mais je ne dois pas
les mentionner ici ; la situation topographique
de cette république, plus rapprochée de ses jeu-
nes sœurs qu'elle protége aussi, sa distance du
littoral européen, ses mœurs, ses lois politiques
la placent en dehors des systèmes et des vues
politiques de notre continent.

On voit dans l'acte d'autorisation de Ferdinand un acte isolé, nullement bilatéral, nulle-
lement commandé par des concessions récipro-
ques ; c'est en un mot, un acte émané de la
volonté personnelle de ce souverain, et susceptible de toute l'application de la maxime de
droit *volenti non fit injuria.*

Mais, pouvez-vous m'objecter, monsieur
le vicomte, cette autorisation a été arrachée
à la faiblesse du monarque espagnol par la
force et l'astuce anglaises. Je vous réponds que
des concessions ainsi extorquées n'ont jamais
qu'une durée éphémère, et que des protesta-
tions *in petto* sont suivies ordinairement de pro-
testations formelles et de révocations du moment que la force succède à la faiblesse. Depuis
sept à huit ans, Ferdinand a-t-il protesté, a-t-

il révoqué l'autorisation ? Non certainement, il l'a au contraire confirmée et sanctionnée par des actes réitérés qui signalent la constance de sa résolution primitive. Je ne vous citerai que deux exemples.

Quelques années après la date de l'autorisation, les armes espagnoles obtinrent quelques succès dans le Pérou : Lima et le port de Callao furent repris. Les généraux espagnols y trouvèrent, ainsi que dans les autres villes et ports, des magasins et des cargaisons considérables de marchandises anglaises ; les saisirent-ils ? les confisquèrent-ils ? Non ; ils l'auraient pu certainement DE DROIT, si la permission de commercer eût été révoquée comme l'ouvrage de la force et de la contrainte ; ils l'auraient pu DANS LE FAIT, car avec leurs armées, maîtresses d'un pays reconquis, ils étaient plus forts que des marchands anglais désarmés et disséminés sur la surface d'un vaste territoire. Et cependant ils bornèrent leur autorité à imposer sur ces marchandises des droits plus élevés que ceux des gouvernemens nouveaux qu'ils venaient de déposséder.

Le second exemple est plus frappant parce que les faits sont actuels.

L'amiral Laborde commande en ce moment pour l'Espagne une escadre stationnée dans le golfe du Mexique et dans ces parages ; son dessein visible est uniquement d'attaquer et de détruire la force maritime qui lui est opposée, commandée par l'amiral Porter, et de reconquérir par les armes ce que son maître a perdu par sa fausse politique et par sa faiblesse ; voilà à quoi se réduisent les instructions que l'amiral Laborde a emportées de Madrid ; mais il se garde de persécuter le commerce à l'instar de la flotte brésilienne qui bloque Buénos-Ayres ; il n'intercepte le passage d'aucun vaisseau marchand ; il ne bloque aucun port dans cette vue ; il ne fait point de prise. Qu'on me produise, si l'on peut, des faits plus démonstratifs d'une volonté aussi permanente et d'une exécution aussi continue de l'autorisation.

Fort de ce consentement de Ferdinand, qui légalise à lui seul les relations du commerce étranger avec les provinces américaines, je pourrais à mon tour réclamer la clôture de la discussion et demander qu'on aille aux voix sur la question ; je ne doute pas qu'elle ne fût emportée à une grande majorité dans votre Chambre même, monsieur le vicomte ; mais dans l'intérêt de la plus intime conviction, je veux, je dois même consentir à prolonger les débats, sur la réclamation d'une seule voix, parce que je trouve indécent d'étouffer la discussion par des elôtures prématurées ; or, cette voix, monsieur le vicomte, est la vôtre ; je vous entends articuler distinctement « que Ferdinand a bien pu, » puisqu'il l'a fait et voulu, renoncer pour son » compte à une des prérogatives de sa couronne » qu'il tient *de droit divin*, en autorisant le » commerce de l'Europe avec ses sujets révoltés ; » mais qu'aucun fait ne prouve qu'il ait renoncé » à l'exercice de sa souveraineté absolue ; que » dès-lors ses droits sont consacrés dans toute » leur intégrité ; que malgré cette renoncia- » tion à une seule de ses prérogatives, le de- » voir des souverains ses alliés n'en est pas moins » de les maintenir toutes et sans exception dans » leur pureté primitive, et que ce serait porter » atteinte à l'une d'elles que d'autoriser le com- » merce de leurs sujets avec des rebelles ; que » ce serait donner à leurs peuples un funeste » exemple, bien que Ferdinand ait consenti à » cette concession. »

Avant d'entrer dans la question de la légitimité de l'Espagne sur l'Amérique méridionale, permettez-moi, monsieur le vicomte, de vous prier d'éclaircir quelques doutes que font naître dans mon esprit les circonstances qui ont mis cette couronne en possession de ces belles et vastes contrées.

J'admets le droit de souveraineté par la conquête, quand le motif de la guerre est franc et loyal, je l'admets quand il est consacré par des traités postérieurs ; c'est ainsi que Louis XIV acquit dans le dix-septième siècle la souveraineté légitime des provinces d'Alsace et de Franche-Comté.

Mais ce droit de souveraineté dans la couronne d'Espagne comporte-t-il le même caractère ? est-il donc si sacré ? procède-t-il sérieusement *de droit divin ?* les Mexicains, les Péruviens et autres peuples de l'Amérique, n'avaient-ils pas aussi avant la conquête leurs souverains, leurs empereurs légitimes, leurs dynasties plus anciennes que celles des potentats de l'Europe ? Quelles autres causes que l'ambition et la soif de l'or ont conseillé les invasions iniques au commencement du seizième siècle, et par Cortez au Mexique, et par Pizarre dans le Pérou, et par d'autres Espagnols, de territoires dont les souverains, jusqu'alors inconnus d'eux, ne pouvaient leur avoir donné de sujet d'offense, de cause de guerre légitime ? N'étaient-ce pas là des guerres à la manière des Goths et des Vandales ? Qui ne sait que la souveraineté de la cour de l'Espagne dans ces climats n'a d'autre source que le meurtre, le pillage et une abominable perfidie ? Et ce seraient de telles iniquités que le Dieu infiniment juste que nous adorons, vous

et moi, monsieur le vicomte, aurait sanction-
nées! Non, le laps de deux à trois siècles ne
peut les avoir légitimées; on ne prescrit pas
contre un titre vicieux!

Parmi les races mêlées qui composent les populations de l'Amérique du sud, on distingue
toujours par la couleur les naturels primitifs,
auxquels se sont associées par le mariage
des familles espagnoles attirées par la fertilité
du sol et par la richesse des mines d'or et
d'argent; ces familles sont devenues in-
diennes à leur tour. Et pourquoi ces divers
peuples, qui n'en forment plus qu'un par leurs
unions de famille, par l'identité de leurs mœurs
et de leurs opinions, ne seraient-ils pas fondés
à ressaisir des droits naturels arrachés, usurpés
par la violence et la perfidie? Seraient-ils moins
respectables, ces droits, que ceux des Grecs,
conquis par les Musulmans les armes à la main
dans le quinzième siècle? Et cependant les potentats de l'Europe, le chef de la feue sainte-
alliance à leur tête, demandent maintenant au
divan de Constantinople l'émancipation de ces
malheureux Grecs.

Vous voyez, monsieur le vicomte, que ces
mêmes potentats sentent enfin la nécessité de
se relâcher, par une honorable intervention,
de la stricte observation de leurs principes de

légitimité divine. Seriez-vous moins flexible qu'eux ?

En attendant que vous résolviez mes questions, je vais plaider à toutes fins, et, abordant la question au fond, j'en chercherai la solution dans les faits qui constituent le code du droit des gens établi en Europe depuis plusieurs siècles.

Quand après la prise d'assaut et le sac de Constantinople, en l'année 1453, par Mahomet II, qui renversa l'empire grec, quelques potentats d'Europe, au lieu de venger l'outrage commis envers la chrétienté, contractèrent des alliances avec les successeurs de ce féroce musulman, et entreprirent le commerce du Levant avec les Ottomans ; les successeurs de Constantin-Draconès, tué dans une sortie pendant le siége , ont-ils depuis renoncé à leurs droits légitimes et sanctionné leur spoliation par un traité ? Répondez, monsieur le vicomte.

Quand Louis XIV se lia par des traités formels d'alliance et de commerce avec la Hollande, qui avait secoué le joug de l'Espagne , le monarque espagnol avait-il reconnu l'indépendance de ses sujets révoltés ? Cette indépendance ne fut reconnue , si je ne me trompe, qu'à la paix de Westphalie. Répondez, monsieur le vicomte.

La France, me direz-vous, était alors en

guerre avec l'Espagne. — Eh! qu'importent les circonstances de paix ou de guerre? les principes de la légitimité, s'ils sont aussi immuables, aussi sacrés, aussi divins que vous le prétendez, doivent-ils fléchir en présence de circonstances accidentelles? en présence des éventualités de paix ou de guerre?

Quand l'Europe entière fit des traités d'alliance et de commerce avec le souverain actuel de la Suède, Gustave IV, détrôné, avait-il reconnu la nouvelle dynastie de la famille Bernadotte? l'a-t-il même reconnue aujourd'hui? Toutes les cours, tous les gouvernemens du monde n'ont-ils pas leurs ambassadeurs et ministres à Stockholm? Répondez, monsieur le vicomte.

Pour abréger, je ne vous cite que ces trois mémorables traits historiques du présent droit des gens, dont chacun d'eux est en opposition directe à votre doctrine fantastique sur la légitimité ; si vous en désirez davantage, permettez-moi de vous engager à lire le célèbre discours prononcé il y a trois à quatre ans dans la chambre des communes du parlement britannique par M. Mackintosh, l'un de ses membres, sur la convenance de reconnaître l'indépendance politique de quelques-unes des nouvelles républiques de l'Amérique méridionale. Il ne s'agit pas de savoir de quel côté M. Mackintosh siége dans cette chambre, mais des faits qu'il cite, des argumens et des inductions, qu'il en tire; tous sont de nature à porter la conviction dans l'esprit des hommes les plus opiniâtrement attachés à leurs préjugés gothiques.

Si après avoir lu et médité ce discours de M. Mackinstosh, et les preuves que je vous cite, vous persistez dans vos erreurs sur le sens que vous appliquez à la légitimité, si vous ne reconnaissez pas que votre légitimité n'est autre chose qu'un fantôme hideux enfanté par l'ignorance et un fanatisme déplorable dont la tendance est de faire rétrograder le siècle présent aux siècles du moyen âge, il ne reste qu'à gémir sur votre obstination, monsieur le vicomte. Heureusement que toute votre influence se concentre dans les murs de la chambre des députés et parmi un nombre de vos collègues seulement; qu'elle est nulle, de toute nullité dans les conseils de l'auguste prince qui nous gouverne; j'en ai la preuve dans les dispositions actuelles de gouvernement, dans ses tentatives, quoique tardives, d'ouvrir des communications directes de commerce avec les nouvelles républiques.

Mais, je regrette de le dire, on ne va pas aussi loin que l'Angleterre, aussi loin qu'on devrait aller. On veut ménager la sensibilité de Ferdinand : on craint de le fâcher ; on sait très-bien qu'il est et restera éternellement dans l'impuissance de reconquérir ses colonies ; on le lui a même représenté, et on a été jusqu'à lui conseiller de transiger avec elles moyennant des sommes d'argent qui auraient rétabli ses finances délabrées ; ses conseillers ont stupidement refusé toute ouverture de négociations. Cependant, d'un autre côté, on sent la nécessité de faire quelque chose pour notre industrie, qui s'aventure à tous prix dans ces régions éloignées et peu connues de nos commerçans ; on sent que l'Angleterre y répare ses pertes ; qu'elle y fait la presque totalité du commerce ; qu'il est pénible de recevoir d'elle les produits américains dont nous ne pouvons nous passer ; on voit que la production augmente chez nous, que des surplus restent sans consommation et que de nouveaux débouchés lui sont indispensables ; on voit enfin que la Prusse, l'Allemagne, les Pays-Bas et autres puissances commerciales s'avancent vers le même but que l'Angleterre ; que leur commerce est protégé, et que déjà des compagnies étrangères ont rapporté de riches cargaisons américaines en retour de celles qu'elles y avaient expédiées. On envoie en conséquence des agens ; mais les lettres de créance qu'ils emportent sont conçues dans les termes d'une diplomatie usée, inconvenante pour le Nouveau-Monde, travaillées dans un sens équivoque de subterfuges et de prévisions qui, à tout événement, puissent servir de justification auprès de Ferdinand.

De là des explications désagréables, offensantes même, mais méritées, de la part de nouveaux gouvernemens qui n'ont pas oublié les projets de la sainte-alliance, et qui, par cela même qu'ils sont nouvellement établis, sentent le besoin de débuter dans la carrière diplomatique par des actes qui fassent respecter leur dignité et affermissent leur indépendance.

De là enfin la répulsion de nos agens ou tout au moins des retards irréparables dans leur réception solennelle.

C'est ainsi que notre commerce reste sans appui, et l'on ne s'aperçoit pas que le simple envoi d'un agent diplomatique chargé de négocier, non dans l'intérêt de la légitimité de Ferdinand, mais dans celui de notre commerce, est déjà une dérogation à la légitimité que d'un autre côté on craint de violer; tant il est vrai que le premier pas est un acte de reconnaissance de l'indépendance.

Que resulte-t-il de cette politique tortueuse et indécise, de ces tergiversations, de ces biaisemens et de ces délais? Il en résulte que nos négocians, déçus par les dispositions apparentes du gouvernement, risquent de précieuses cargaisons pour ces contrées, dans l'espérance qu'ils y seront aidés, protégés et éclairés sur leur conduite par des agens consulaires de leur nation; qu'ils n'y rencontrent, au lieu d'agens accrédités, que des hommes déjà fatigués et dégoûtés des discussions élevées à l'occasion de leurs lettres de créance et de leur réception, et hors d'état de leur être utiles; il en résulte que faute d'avis et de renseignemens préliminaires, faute de correspondans qui les informent à temps, ils trouvent les étrangers en possession du marché; et leurs marchandises inattendues formant engorgement, ils se voient réduits à la déplorable nécessité de vendre au premier offrant à vil prix et à perte; il en résulte enfin que, comme derniers vendeurs et derniers acheteurs, ils sont obligés de prendre en retour, à un prix plus élevé, les produits américains devenus plus rares.

Pourquoi ne pas aller franchement au but? Pourquoi ce changement de l'ancien et propre nom de CONSUL en celui d'INSPECTEUR GÉNÉRAL DU COMMERCE, dénomination qui n'appartient qu'au fonctionnaire délégué par le gouvernement pour INSPECTER des établissemens publics situés dans les limites de son ressort? Pourquoi ne pas faire des traités de commerce dans les formes qui conviennent aux nouvelles républiques et sans des réserves mentales suspectes? Pourquoi retarder si long-temps la reconnaissance de l'indépendance politique des nouveaux états? Oh! POURQUOI? Nos novices diplomates n'en sont pas encore arrivés à comprendre qu'avec une stipulation bien entendue de la plus exacte neutralité, les traités de commerce et de reconnaissance d'indépendance n'ont d'autre valeur que de constater des faits existans, des faits incontestables, en d'autres termes, une indépendance de FAIT, et que l'avenir, quel qu'il soit, ne peut blesser des intérêts acquis.

De deux choses l'une :

Ou l'Espagne demeurera éternellement dans l'impuissance de reconquérir ses colonies,

Ou elle en ressaisira la possession par la conquête.

Au premier cas, les nouvelles républiques conserveront pour toujours leur indépendance politique de fait, et le long laps de temps l'aura consacrée de droit, de la même manière que la possession de ces contrées par l'Espagne, si sa source eût été plus pure, elle aurait été légitimée par le laps de deux siècles. Alors les traités provisoires, passés avec ces républiques, demeureront définitifs.

Au second cas, l'Espagne aurait sans contre-
dit le droit d'annuler ces arrangemens et de
rétablir son ancien monopole; mais la chose est-
elle possible? Je ne le pense pas. La production
américaine, encouragée par le commerce étranger, aurait au moins quintuplé en quantité, et
l'Espagne dépourvue de manufactures, d'industrie et de moyens d'échange, ne pourrait conser-
ver son monopole sans s'exposer à de nouvelles
révoltes; elle reconnaissait elle-même, avant
l'insurrection, la nécessité de fermer les yeux
sur les envois de marchandises étrangères
expédiées de Cadix pour ses colonies, comme
depuis elle a reconnu cette nécessité en autorisant formellement ce commerce; elle serait donc
forcée d'y admettre le commerce étranger à des
conditions raisonnables, et ces conditions se
rapprocheraient de très-près des stipulations
avec les ex-républiques. Cette politique est la
seule possible, la seule présumable; si l'Espagne
s'en écartait, les douanes de ses colonies n'ac-
quitteraient pas les charges publiques; trop
faible pour garder des côtes immenses, elle
serait impuissante dans ses efforts pour empê-
cher la contrebande; un grand commerce conti-
nuerait donc malgré elle avec l'étranger: tandis
qu'avec un bon système de douanes et des taxes
modérées sur la marchandise importée et

exportée et sur l'extraction et l'exportation des précieux métaux, elle serait plus riche, avec ses colonies devenues industrieuses, qu'elle ne l'était dans le dix-huitième siècle.

On prévoit au reste qu'un monopole rétabli en Amérique, tel qu'il existait, enfanterait des désordres, des collisions dans la fortune et dans les capitaux des étrangers qui y ont formé des établissemens de tout espèce. Les souverains ne seraient-ils pas vivement intéressés à intervenir pour leurs sujets et à se coaliser pour forcer l'Espagne à se désister de son monopole? Les États-Unis du nord verraient-ils avec indifférence un tel bouleversement de leurs grands intérêts?

Ainsi, que les nouvelles républiques restent indépendantes, ou qu'elles soient reconquises, la conséquence pour les états qui auraient traité avec elles, est que leur situation restera la même à quelques nuances près, et qu'il ne peut y avoir de danger à passer avec elles des traités de commerce; il n'y a pas à hésiter un instant, les pas gigantesques des autres puissances, plus franches que nous dans leurs relations avec l'Amérique, commandent une prompte résolution, et le nombre de nos vaisseaux expédiés sans protection pour ces contrées, garantissent

à l'avance les avantages immenses d'un commerce dignement protégé (1).

-----

(1). Une feuille publique fait ainsi raisonner un honorable député à l'occasion de nos rapports commerciaux
avec l'Amérique du sud.

« Les États-Unis du nord de l'Amérique n'auront
» que 1 sur 100 des bénéfices qui reviendront à l'Angleterre
» de l'indépendance des provinces espagnoles. Or, la
» France n'aspire pas à vaincre les Américains en indus-
» trie, donc c'est à une proportion inférieure à celle de
» 1 sur 100, relativement à l'Angleterre, que la France
» peut aspirer. »

Serait-il possible que ce raisonnement fût celui d'un
député qui a été ambassadeur de France chez l'étranger ?
Ce n'est pas dans une note qu'on pourrait répondre à une
argumentation aussi vicieuse, à une conclusion aussi dé-
solante, appuyées l'une et l'autre, dit-on, sur un raisonnement d'un négociant de Philadelphie. Une réfutation complète exigerait le développement minutieux de
faits qui constatassent les besoins des rapports commerciaux entre la France et les nouvelles républiques ; ce ne
peut être l'affaire d'une simple note. Ce qu'on peut au
moins assurer, en thèse générale, c'est que la France
trouve dans l'Amérique méridionale beaucoup de produits
qui lui sont nécessaires et qu'elle recevait indirectement ;
que l'Amérique méridionale à son tour trouve dans des
produits français des consommations qui lui sont utiles,
nécessaires et agréables, et qu'elle désire des relations
avec la France ; c'est une vérité de fait assurée à l'auteur
de cette note par deux Américains du sud, dont l'un est

J'appréhende, monsieur le vicomte, que les

l'envoyé de la république de Guatimala à Londres et l'autre un Mexicain éclairé.

Voilà bien l'utilité, la nécessité même d'un commerce établie entre la France et les nouvélles républiques. Il ne s'agit que d'en bien diriger le mouvement, relativement aux autres nations qui commercent avec l'Amérique. Cette idée conduit à examiner quels peuvent être les rapports de ces nations commerçantes avec l'Amérique. On trouve dans la même feuille périodique un état de la navigation en 1826 des trois principales pour le Mexique seulement. Il servira du moins pour les comparaisons avec les autres républiques.

Expédiés pour Vera-Crux dans le Mexique en 1826 :

55 navires anglais,

49 navires français,

et 399 navires des États-Unis.

Déjà le plus grand nombre des navires des Etats-Unis démentirait l'assertion du négociant de Philadelphie, qui donne une prépondérance si monstrueuse à l'Angleterre ; mais si l'on avait son opinion toute entière, on y verrait probablement qu'il n'a entendu parler que des produits fabriqués, et il aurait raison.

Les trois cent quatre-vingt-dix-neuf navires des États-Unis avaient, on le présume et comme d'usage, en majeure partie des cargaisons de produits agricoles que la France ni l'Angleterre n'importent pas à l'Amérique du sud ; les quarante-neuf navires français étaient probablement chargés de produits fabriqués, tels que soieries, tissus, meubles, etc., que ne fabriquent pas encore les Américains du nord en quantité ni en perfection suffi-

idées que je viens d'émettre sur la convenance de

---

santes pour leur consommation, encore moins pour l'exportation ; ils avaient en outre des vins des bonnes qualités de notre crû.

Il n'y a donc pas de cause de concurrence entre les Français et les citoyens des États-Unis.

Et s'il est vrai que ceux-ci avaient dans leurs vaisseaux de nos produits fabriqués, pourquoi ne pas espérer que par une plus grande habitude de ces pays neufs, par une diminution des frais de transport, par une protection bien entendue de nos agens consulaires et par d'autres causes, nous ne parvenions en peu de temps à faire nos affaires nous-mêmes avec nos propres vaisseaux dans l'Amérique ?

Quant aux cinquante-cinq vaisseaux anglais, ils n'excèdent que d'un douzième nos quarante-neuf. N'est-ce pas déjà un phénomène avec aussi peu d'encouragement de la part du gouvernement qu'un nombre qui se rapproche de si près de celui de l'Angleterre ? Ces vaisseaux anglais étaient probablement chargés de marchandises manufacturées en Angleterre ou tirées de ses entrepôts. Pour nous, nous avions les vins, les soieries et les autres tissus où nous excellons encore. Ainsi point de concurrence avec les Anglais pour ces divers articles. Quant aux autres tissus et objets fabriqués où nous avons la prétention de les rivaliser, nous ne pouvons prendre trop de précautions ; nous ne devons exporter à l'Amérique, en marchandises de la même espèce, que celles où le goût, les façons, la solidité des couleurs, le caprice américain, qu'il faut bien consulter tout d'abord, enfin un très bas prix, s'il est possible, nous feraient obtenir

passer immédiatement des traités de commerce
avec les nouvelles républiques de l'Amérique
méridionale ne soient, dans vos opinions connues sur la légitimité, une monstruosité révoltante; si cependant mes observations antérieures
sur la nature et l'application de cette légitimité
avaient eu le bonheur de faire quelque impression sur votre esprit, pourquoi désespére-
rais-je d'arrêter votre attention sur ces idées?

Quel que puisse être, au reste, le résultat de
mes appréhensions, j'aborde la dernière partie
de votre paragraphe, et pour ne pas être soup-
çonné de le tronquer, je le copie mot pour mot
tel que je le trouve dans le *Moniteur* du ven-
dredi onze de ce mois :

« Ces propriétaires oisifs sont encore utiles
» précisément parce que leurs revenus ne sont
» *pas destinés à devenir des capitaux* qui présente-
» raient à l'industrie la rivalité d'une nouvelle
» production, qui ajouteraient à la surabondance
» dont elle se plaint, et qui accroîtraient bientôt

---

la préférence. Nos agens commerciaux nous seraient, à
ces différens égards, d'une utilité majeure.

Il y a loin de ces raisonnemens encourageans, fondés
sur des faits, aux déclamations désespérantes attribuées
à M. Hydé de Neuville, pour repousser la reconnaissance de l'indépendance des nouvelles républiques.

» pour le pays la masse des capitaux qui languis-
» sent faute d'emploi. — Il n'y a qu'une ma-
» nière utile et sûre d'engager à la production,
» c'est de consommer. C'est ce que font les pro-
» priétaires oisifs, et l'industrie se trouve bien
» mieux de l'argent que lui fournissent ces con-
» sommateurs, en vidant ses magasins, que de
» l'argent que lui fournissent à gros intérêts les
» capitalistes pour encombrer ses magasins. »

Les quatre élégans qui de votre période,
monsieur le vicomte, me révèlent quatre pernicieux résultats qui, je ne m'en serais jamais
douté, proviendraient des revenus des propriétaires oisifs, s'ils *étaient destinés à devenir capitaux.*

1° Ces capitaux feraient naître une nouvelle
production.

2° Cette nouvelle production ajouterait à la
surabondance des produits.

3° La surabondance des produits accroîtrait
bientôt pour le pays la masse des capitaux.

4° La masse des capitaux accrus languirait
sans emploi.

N'est-ce pas là, avec la consommation des
propriétaires oisifs, le complément de votre
système?

Plus je relis vos quatre propositions, que j'ai
la modération de ne pas qualifier, plus je m'as-

sure que le capital, et surtout le capital accru, est la cause primitive de vos trois désordres fantastiques qui sont la *nouvelle production,* la *surabondance* et *la langueur du commerce.*

Je défends d'abord le capital calomnié par vous, monsieur le vicomte ; ce père chéri et recherché des industriels ; nous verrons ensuite s'il a une lignée aussi hideuse que celle que vous lui attribuez.

Je pourrais avec avantage me borner à vous opposer la plainte unanime de tous les temps, et fondée sur l'expérience de tous les commerçans, qui imputent la langueur du commerce à la rareté des capitaux dont l'accroissement cause vos vives alarmes ; je pourrais vous demander, pourquoi donc ces établissemens dans tous les pays du monde de banques autorisées à émettre leurs billets, si ce n'est pour accroître la masse des capitaux toujours reconnue insuffisante? mais je vais plus loin, et je vais tenter de rétablir le capital dans votre opinion, et de vous l'offrir avec ses véritables attributs.

Le capital, comme vous le savez, monsieur le vicomte, consiste non-seulement en précieux métaux, mais encore en agens matériels de l'industrie, qui ne sont pas destinés à être consommés. La charrue du laboureur, le métier, les outils, les instrumens, les machines du tisserand, de l'artisan quelconque, sont les agens matériels de l'industrie, et avec l'or et l'argent, ils forment ce qu'on appelle LE CAPITAL.

Mais ce capital ne peut rien de lui seul ; il ne peut pas plus produire que l'homme sans la coopération de la femme ; il faut donc le marier, et je le marie avec l'industrie, qui n'est autre chose que l'intelligence, l'activité et le travail de l'homme. Que va-t-il résulter de cette union ? La production, qui est ce que tous les hommes consomment et sont forcés de consommer.

Mais, dites-vous, tout va bien jusqu'ici, j'accorde tout cela ; mais n'augmentez pas les capitaux, il y en a assez dans la circulation ; on produit assez, et s'il y en avait davantage, si l'on produisait davantage, la nouvelle production engendrerait un engorgement pernicieux ; il augmenterait la stagnation déjà alarmante du commerce ; par ces raisons je ne veux pas que la portion réservée du dégrèvement soit destinée à devenir capital.

Ainsi votre doctrine, monsieur le vicomte, est bien claire ; elle tend visiblement à limiter le capital, et la mienne est de l'étendre dans la proportion des besoins de la société actuelle et de sa population accrue. Pour répondre, je n'irai pas chercher des principes dans les livres des économistes, je préfère deux exemples, pris tout près de vous, et dans votre situation dans la vie. Ce sont des suppositions raisonnables.

Premier cas. — Un de vos fermiers, plus intelligent, plus actif, et moins imbu de préjugés que le commun des cultivateurs, recueille une succession qui accroît son capital, ou un capitaliste lui prête des fonds. Avec son intelligence, son activité, et de bons conseils, il améliore vos terres, il en augmente les produits en grains et en bestiaux, il obtient même des productions extraordinaires pour le canton; le tout se vend fort bien, il prospère, et il devient riche. Direz-vous à votre fermier : Vous avez eu tort de fertiliser ma terre, de lui faire produire plus qu'elle ne produisait auparavant; vous avez eu tort de vous enrichir, et je ne vous continuerai pas votre bail? Faites-moi, monsieur le vicomte, une réponse franche et consciencieuse.

Second cas, qui vous concerne personnellement. — Vos trisaïeux n'avaient pas, je le présume, une table aussi somptueuse que la vôtre; des meubles, des vêtemens aussi fins que je suppose que le sont les vôtres; ils ne connaissaient pas l'usage des voitures, carrosses et des commodités de la vie dont je suppose aussi que vous jouissez. Et pourquoi? parce que les capi-

4

taux alors en proportion avec les besoins du temps, étaient alors très-limités, et qu'on ne savait pas les allier au degré actuel avec l'industrie qui seule donne la production ; et quand vous ne voulez pas de nouvelle production, vous perdez de vue les besoins de la génération présente, et l'état de la population. Si cependant votre doctrine avait prévalu, vous n'auriez pas la jouissance de ces belles et bonnes choses que n'avaient pas vos trisaïeux ; j'imagine néanmoins que vous n'êtes pas disposé à rétrograder jusqu'à leur situation. Si vous en jouissez, pourquoi donc ne voudriez-vous pas que les capitaux accrus et la production nouvelle procurassent les mêmes jouissances à vos concitoyens ?

J'ai justifié les capitaux, l'industrie et la nouvelle production. J'ai prouvé que les deux dernières sont les enfans légitimes et heureux du capital, et j'espère que vous allez être maintenant un peu disposé à vous réconcilier avec toute cette honnête famille.

Mais c'est cette formidable *surabondance* qui continue à vous inquiéter vivement, tant est grande votre passion pour le commerce, tant est philanthropique votre désir que tout ce qui est produit et à produire se vende bien, que les magasins se vident,

que tout prospère, et que tout le monde soit
heureux. Ces sentimens sont nobles, ils exci-
tent toute ma reconnaissance ; aussi vous avez
droit à tous mes efforts pour calmer vos in-
quiétudes, et pour que je cherche à vous prouver que la SURABONDANCE ne peut exister que
par la mise en pratique de votre feu système ; car
j'espère que vous l'abandonnez dès à présent.

Vous attribuez, monsieur le vicomte, cette
surabondance vraie ou fausse à l'excès des capitaux qui donnent un excès de production, et
moi je l'attribue 1° à une fausse direction de
l'industrie ; 2° à un manque de production nouvelle pour balancer celle qui ne se vend pas
assez vite, qui, selon vous, est une *nouvelle production*. Nous différons donc essentiellement.
Je m'explique, et je développe mes remèdes.

Quant à la fausse direction de l'industrie
dont je me plains, et dont je vous accuserais
injustement, puisque vos aspirations ne vont
pas au-delà d'une consommation restreinte, de
la cessation de la nouvelle production, et de la
captivité des capitaux ; eh bien, qu'on fasse en
sorte que l'industrie soit dirigée dans ses vrais
canaux, qu'elle s'exerce à l'aide des capitaux,
plus généralement sur les produits les plus nécessaires, les plus utiles à la consommation de
la masse de la population ; qu'elle retire une

partie de son action aux articles que je consi-
dère, dans l'état actuel de notre richesse nationale, comme objets de luxe, et qui ne se consomment que par les riches et les personnes
aisées qui ne font pas la cinquantième partie
de la population, les capitaux actuels avec cette
nouvelle et convenable direction que leur auront donnée les nouvelles industries qui en sont
les compagnes inséparables, ne seront pas ac-
cusés par vous, monsieur le vicomte, de l'excès
que vous leur reprochez, et vous reconnaîtrez,
par l'effet d'une consommation qui ne se fera
pas attendre, qu'il n'y aura pas de nouvelles
productions inutiles, pas de surabondance.

Tel n'est pas malheureusement l'état des
choses dans notre pays. Il y a beaucoup trop de
professions parasites, de luxe et d'inutilité qui
flattent la vue et les sens, et qui, pour les satisfaire, requièrent une richesse ancienne et solide
que nous n'avons pas. La récapitulation d'une
seule douzaine de ces industries dont je con-
damne l'excès, et dont les produits sont pom-
peusement étalés dans cinq à six rues principales de Paris et dans les nouveaux passages,
justifierait seule mon assertion. Qu'il y ait à
cet égard *surabondanoe* de produits, je ne m'é-
tonne point, pour notre commerce intérieur,
encore moins pour le commerce extérieur ; l'é-

tranger qui nous apporte des articles solides, répugne à en accepter en retour d'aussi frivoles, d'aussi improductifs (1).

Quant à ma seconde proposition sur le manque d'échange, si je prends la France dans l'état présent de ses mœurs et de ses habitudes, il n'est pas d'individu qui ne désire consommer plus qu'il ne fait, de tout ce qui est à l'usage

---

(1) Je prends au hasard une de ces douze industries, celle des TRAITEURS ET RESTAURATEURS; l'homme habitué à vivre dans ces maisons y dépense trois francs pour son dîner; à Londres, celui qui a la même aisance dépense 1 franc 80 centimes. La proportion est la même pour le plus ou moins de fortune. Le franc vingt centimes, ainsi réservé chaque jour par l'Anglais, lui donne dans l'année un habit de plus et les accessoires ordinaires du vêtement en rapport de fraîcheur avec son habit. La conséquence toute simple est que l'Anglais est mieux vêtu et qu'il est plus utile, par sa plus grande consommation, aux fabriques de son pays, et que le Français est plus mal vêtu et qu'il ne fait qu'une consommation improductive, encourageant en même temps l'excès de ces maisons de luxe. Ce serait cependant une erreur de croire que les Anglais s'abstiennent, par économie, d'une nourriture suffisante : on sait le contraire.

C'est à de pareilles causes, appliquées aux autres industries plus de luxe que de nécessité, qu'il faut attribuer en partie l'affluence des capitaux en Angleterre, et leur rareté en France.

de la vie : j'en excepte les avares qui ne sont
pas dans la proportion numérique d'un à mille ;
il est peu d'individus qui ne convoitent une table plus abondante et plus délicate, des vêtemens plus fins, et un mobilier plus fastueux ;
c'est une ambition prématurée qui nuit à l'in-
trie, en détournant un plus utile emploi des
capitaux.

Le nombre de ceux qui désirent de consommer est donc infini, puisqu'il ne peut être autrement déterminé que par celui de la population presque entière. Or, il n'est pas exact de
prétendre en termes absolus que les consommateurs manquent à la production ; il y a assez,
et même trop d'individus, qui désireraient de
consommer, mais qui ne consomment pas
faute d'échange à donner en retour, ou d'argent pour acheter. Qu'on produise les échanges,
ou qu'on obtienne le numéraire qui les représente,
alors les productions qui encombrent les magasins seront consommées, et il n'y aura plus de *surabondance*. Le remède que je conseille est tout
autre que le vôtre, monsieur le vicomte ; loin
de retenir les capitaux qui résulteraient de l'ac-
cumulation des revenus des propriétaires oisifs,
je veux qu'il y en soit ajouté la plus grande
masse possible pour produire les choses utiles
en rapport avec l'étendue des besoins de la so-

ciété moderne , qu'elle consommera certainement de préférence à celles qu'elle reçoit
de l'étranger. La somme d'un travail fruc-
tueux alimentera une nombreuse population ;
elle excitera le désir d'ajouter au capital partie
des profits ; les anciens et nouveaux producteurs
deviendront entre eux des consommateurs mu-
tuels, et alors commencera le règne d'une véritable prospérité.

Il serait oiseux de détailler les nombreux
avantages que le gouvernement en retirerait,
par l'augmentation des revenus des douanes,
car nous aurions à la longue des superflus
perfectionnés qui s'exporteraient, et des productions étrangères qui seraient importées
en retour, principalement celles du nouveau
monde qui nous sont indispensables ; le revenu
public s'accroîtrait par une plus grande percep-
tion des taxes sur la consommation ; le gouvernement acquerrait de la force et de l'influence
au-dehors, il ne flotterait plus entre la Russie
et l'Angleterre, et son alliance serait recherchée.

Tous ces bienfaits seraient l'ouvrage des capitaux et d'une industrie bien reglée. Eh ! quel
contraste avec votre système, monsieur le vicomte! système qui ne laisse après lui qu'une
consommation aussi stérile, aussi improductive
que la consommation de la poudre à canon

dans les feux de joie et dans les guerres que se font entre eux les souverains.

Mes preuves jusqu'ici ne reposent que sur des principes généraux unanimement avoués : je veux les corroborer par un exemple appuyé sur la situation réelle de notre agriculture et de nos manufactures.

Il n'est que trop vrai, monsieur le vicomte, que, bien que nous nous glorifions de l'état avancé des arts industriels, une grande partie de la population qui travaille, n'est pas convenablement et utilement employée ; que, bien que nous ayons assez d'individus disposés à consommer, nous n'avons pas le nombre nécessaire de fabriques utiles ; que la moitié des terres de nos départemens ne reçoit pas la culture et ne donne pas les produits dont elle est susceptible ; ce n'est certainement pas faute de chambres de commerce, faute de comités d'agriculture.

Il n'est que trop vrai qu'il y a beaucoup de cantons dans l'intérieur, j'en excepte quelques-uns des départemens maritimes, où l'usage du froment et de la viande est entièrememt inconnu ; où les substances nutritives consistent en pain d'orge, de sarrasin et de pois, en châtaignes, racines et végétaux grossiers ; où la boisson n'est que de l'eau, du petit cidre, de mauvaise bière, et du vin qui n'en a que la couleur ;

où, enfin, les vêtemens, comme, dans certains cantons de la Bretagne, diffèrent peu de ceux des sauvages.

Il est tel de ces cantons qui, pouvant, avec un territoire bien cultivé, nourrir cent mille habitans, en a à peine quarante mille, dont les neuf dixièmes vivent, ou plutôt languissent misérablement ; une petite ville, située au centre, et quelques chétives bourgades éparses renferment le cinquième de cette population, et les trente-deux mille restans sont occupés à la culture des terres et aux produits ruraux.

Point d'industrie, point de fabriques dans la petite ville et les bourgardes : les principaux habitans se composent uniquement d'un petit nombre de propriétaires des terres environnantes, et le reste, de petits boutiquiers et d'ouvriers, la plupart sans travail, tous maintenant leur existence par la plus stricte économie, au milieu des privations des commodités ordinaires de la vie dans les grandes villes.

Pour l'homme attaché à la culture, il porte le surplus de ses denrées à la petite ville et dans les bourgades ; il les vend difficilement et à vil prix ; tout ce qu'il peut faire est de remporter chez lui quelques menus articles de peu de valeur, tels que chandelles, sabots, grosse toile de chanvre, etc., etc., rien de substantiel en vêtemens; sa famille se précipite autour de lui pour contempler les belles choses qu'il rapporte de la ville ; il s'est épargné la dépense du plus médiocre rafraîchissement ; il se saisit d'une nourriture grossière et d'une boisson sans vigueur; il est bientôt dépouillé de ses vêtemens les plus précieux, ce sont ceux de ses noces, et, recouvert de ses haillons, il reprend le cours de ses laborieux travaux.

C'est dans cette misère que s'écoule la vie du pauvre fermier, trop heureux si des accidens ne lui enlèvent pas tout ou partie de son maigre bétail; il ne peut remplacer sa perte ; son propriétaire fait vendre son mesquin mobilier; il ne lui reste d'autre ressource que d'aller travailler chez d'autres petits fermiers ; et s'il ne trouve pas de travail, de mendier sur les routes ou dans les villages, bourgades et hameaux de son canton.

Pour le propriétaire qui habite la petite ville, et qui n'a que sa ferme pour le faire subsister, il n'obtient que par à-comptes, et à force de demandes et de menaces, le paiement de son fermage ; il le perd si son fermier éprouve des accidens de mortalité. S'agit-il de faire aux bâtimens d'exploitation de grosses réparations qui ne peuvent se différer, il n'a ni capital en réserve, ni crédit pour les commander, et les bâtimens continuent à tomber en ruine. Veut-il vendre, a-t-il besoin de vendre sa propriété, les acquéreurs s'éloignent ou abusent de sa nécessité. C'était pourtant un des hommes les plus aisés et les plus considérés du canton !

Il n'y a point d'exagération dans ce tableau, dans cette perspective; ils sont le résultat des observations personnelles de votre très-humble serviteur, monsieur le vicomte ; parcourez les cantons qui forment les trois cinquièmes des départemens intérieurs du territoire français, et qui n'ont cependant pas une population aussi considérable que celle des deux autres cinquièmes qui composent les départemens maritimes, où le voisinage de la mer excite et répand quelque industrie, vous reconnaîtrez l'exacte vérité de mon assertion ; ne vous en rapportez pas à l'état du pays où sont situées vos terres pour juger de celui des autres. Voilà l'état de la disproportion qui existe entre la production et la consommation. Quelle proportion y a-t-il en effet entre trente-deux mille producteurs agricoles et les huit mille consommateurs qui habitent la petite ville et les bourgades ? tandis qu'en Angleterre cette proportion est de sept à dix, ou, en d'autres termes, que dix en Angleterre consomment ce que sept produisent, et que dans l'intérieur de la France quatre consomment ce que vingt produisent.

Je fais, bien entendu, exception pour les campagnes qui entourent les grandes villes, telles que Paris, Lyon, Bordeaux, Marseille, Rouen, Nantes, etc. Leurs populations industrielles excèdent celles des campagnes d'alentour; aussi les producteurs des denrées agricoles les vendent-ils facilement; ils vivent dans une honorable aisance, et ils ne craignent pas de trop produire.

Il résulte des faits généraux que j'ai posés que plus de moitié de la France est sans mouvement, sans vie active; il résulte des faits particuliers à un seul canton que les petites villes, les bourgades et les campagnes végètent dans une déplorable situation. Que l'on s'occupe de faire disparaître l'affligeante disproportion entre le producteur et le consommateur, en excitant l'industrie dans la petite ville et les bourgades, bientôt la face des campagnes s'améliorera; que l'on applique les mêmes remèdes au même mal-aise qui mine la moitié de la France, et bientôt aussi elle obtiendra les mêmes résultats.

Je ne m'occuperai ici que du remède que je crois salutaire à la guérison du canton.

Quel est ce remède? je n'en vois qu'un, et en dépit de votre opinion, monsieur le vicomte, QUE LES PROPRIÉTAIRES SONT UTILES *en ce que leurs revenus ne sont pas, ne doivent pas être destinés à devenir des capitaux qui ajouteraient à la surabondance, et dont la masse ferait languir de plus en plus le commerce*, j'ai acquis la pleine conviction que notre salut est dans l'emploi et l'exercice bien entendu des capitaux ; que le capitaliste est le bienfaiteur originaire et par excellence de l'industrie et le créateur de l'amélioration de l'espèce humaine.

Ce n'est pas, je l'avoue, que je ne préférasse l'intervention protectrice d'un gouvernement éclairé et bien intentionné ; mais qu'espérer d'un gouvernement sans vues élevées, étranger aux besoins de la nation, trop fier pour se soumettre à de bons conseils, pour descendre jusqu'à des petites villes insignifiantes, jusqu'à de misérables et obscurs paysans? d'un gouvernement entouré de propriétaires oisifs et titrés qui lui font sucer leurs doctrines empoisonnées ; de ministres, en un mot, qui, oubliant qu'ils sont les agens salariés de la nation, et que leur devoir est de l'informer de l'état de ses affaires, se font un tel épouvantail de la critique, qu'ils lui refusent la publicité des documens officiels de commerce (1), dont la lu-

____

(1) En termes absolus, l'administration ne refuse pas la publicité des documens officiels de commerce; mais

mière qui en jaillirait révélerait, il est vrai, à la
France la profondeur de ses maux , mais qui lui

les exemplaires n'en étant distribués qu'aux deux chambres et à quelques personnages privilégiés, on ne les
obtient que par faveur ou par liaisons ; les personnes qui
les reçoivent ne sont donc ni le plus grand nombre, ni
les plus interressées à les connaître. Si ces documens
étaient imprimés à dix mille exemplaires , les produits
de la vente couvriraient au-delà les frais d'impression.

Puisque j'ai touché ce sujet, je dirai que, dans leur état
de complication , et avec la multiplicité de leurs co-
lonnes , ces documens semblent plutôt dressés pour
l'intérêt du fisc que pour éclairer le commerce; il
faut du temps et du soin pour les dépouiller, et appro-
fondir les résultats de ce qu'on veut connaître ; et encore
combien sont-ils insuffisans ! Ils semblent faits tout
exprès pour nous cacher nos relations avec tel ou tel
peuple.

L'administration doit avoir les documens officiels pu-
bliés annuellement aux Etats-Unis du nord de l'Amérique , et tels que la régularisation en a été ordonnée par
un acte du congrès de 1820 ; ils sont plus méthodiques,
plus intelligibles encore que ceux de la Grande-Bretagne.
On y saisit d'un coup d'œil les quantités et les natures
générales des marchandises importées et exportées; l'état
du commerce particulier de la nation et de chaque état
avec chaque peuple du monde; la quantité de ton-
nage, etc., etc.; et au moyen du parallèle de ces tableaux
ainsi divisés, avec ceux des années précédentes, rien de
plus aisé que de se former en peu de temps une idée juste

signalerait les remèdes applicables à sa situation? Non, il n'est rien à espérer d'une telle administration, fût-elle même habile; il faut donc
y renoncer, tant que ses membres conserveront
leurs places, et s'attacher aux capitalistes seuls.
Un d'entre eux, justement célèbre par ses bienfaits envers toutes les industries, et plus recom-
mandable encore par la haine que lui portent
nos ministres, a fait plus de bien qu'eux tous;
son nom allait échapper de mes lèvres, je le
retiens, pour ménager sa modestie.

Que des capitalistes se réunissent donc pour

---

de l'augmentation ou du décroissement du commerce, et
des causes qui les ont opérés. S'il y a diminution, des
comités spéciaux sont chargés d'en rechercher les causes
et de proposer les remèdes; aussi les États-Unis prospèrent.

Notre gouvernement devrait observer les mêmes divi-
sions dans ses tableaux, les faire imprimer séparément
en autant de parties qu'il y a de branches, il y aurait
enfin de la méthode et de la clarté. Le négociant, le ma-
nufacturier qui ne veulent pas faire la dépense de ce
qu'ils ne jugent pas leur être utile, recourraient seulement à ceux de ces tableaux qui leur sont nécessaires
pour régler les opérations de l'année suivante; les ministres eux-mêmes et les savans y découvriraient des
aperçus qui leur suggéreraient des améliorations et des
remèdes.

établir par souscriptions des manufactures de tissus et d'articles les plus essentiels , les plus usuels et les plus à la portée, par leur bas prix, des masses communes de consommateurs.

Ces capitalistes emploieront d'abord dans ces fabriques la masse oisive ou la moins occupée du canton ; une exploitation plus étendue y attirera ensuite les ouvriers également oisifs des cantons voisins ; ce sera déjà un grand point en morale comme en politique d'avoir donné un travail utile aux oisifs.

A ce premier avantage vient s'en réunir promptement un autre. Le petit boutiquier, avec un crédit raisonnable fondé sur son écono-mie et sa conduite passée, sera chargé de la revente en détail de la marchandise qui vient de se fabriquer ; il la vendra , il n'en faut pas douter ; une marchandise nécessaire à tous est d'une défaite facile. Déjà il vendait par portions exiguës la pareille qu'il tirait auparavant des grandes villes manufacturières ou de marchands qui la lui envoyaient de seconde ou troisième main. Ses profits augmenteront par un plus bas prix et par l'exemption des frais de trans-port et des intérêts d'une vente secondaire ; ils augmenteront par l'accroissement et la récente aisance de la population ouvrière qui aura ajouté à la consommation.

Les autres détaillans commenceront aussi à ressentir les effets de ces premières améliorations ; la petite ville et les bourgades participeront à la longue, dans leurs classes distinctes, à l'influence et à l'accroissement de cette industrie manufacturière.

Des surplus de produits viendront enfin ; c'est ainsi que le commerce extérieur s'établit insensiblement.

Ce n'est là qu'une partie du tableau. Le petit fermier, habitué au marché de la petite ville, s'apercevra bientôt qu'il y vend sa denrée plus aisément, plus cher, à cause de la concurrence d'acheteurs qu'il n'avait pas auparavant ; bientôt aussi il produira davantage par des essais couronnés de succès ; les profits accrus lui suggéreront la pensée d'augmenter son gros bétail, son petit troupeau de moutons par le moyen des herbes artificielles, des racines et de végétaux propres à la nourriture des bestiaux ; sa basse-cour appellera son ambition, il produira plus de volailles ; le marché de la ville se ressentira d'une plus grande abondance ; et, chose nouvelle pour le pays ! il y conduira une paire de bœufs qu'il aura engraissés ; voilà donc notre petit fermier qui, le premier dans le canton, supplée à la consommation de la viande de boucherie qui, venant de loin auparavant, fort rare et réservée pour le propriétaire aisé, se sera étendue à l'ouvrier qui n'en consommait pas, mais qui a acquis les moyens d'en consommer.

Et remarquez bien qu'avec un débit facile de ses denrées et bestiaux qui lui aura donné une aisance jusqu'alors inconnue, notre petit fermier ou sa famille ira rarement à la ville, dont les boutiques seront mieux et plus abondamment assorties, sans en rapporter des marchandises plus substantielles, qu'à son tour il aura acquis les moyens de se procurer ; le paiement de son fermage ne se fera pas attendre, et le voilà à la fin de son année avec un excédant de bénéfices qui s'accroîtra probablement les années suivantes avec de l'ordre et l'économie, et que je ne crains pas, comme vous, monsieur le vicomte, qu'il devienne capital.

Inutile de dire, car cela se sent, que plus les habitans de la petite ville consommeront de produits ruraux, plus ceux des campagnes consommeront à leur tour les produits qui se vendent à la ville.

Ce n'est pas ici la fable du pot au lait, ne vous y trompez pas, monsieur le vicomte ; il y a à peine un demi-siècle que Manchester, en Angleterre, était une petite ville comme la mienne ; c'est aujourd'hui la première ville manufacturière du monde, et elle compte cent trente-cinq mille habitans.

Voulez-vous des faits plus près de notre époque? lisez le rapport fait en décembre dernier au congrès des États-Unis de l'Amérique du nord par le secrétaire de la Trésorerie; vous y verrez que depuis 1820 le succès et la prospérité des manufactures établies dans certains cantons de l'union ont converti des hameaux en bourgades et des bourgades en villes, que la population s'y accroît dans la même proportion, que partout elle est morale, heureuse et contente.

Que l'on étende ce plan aux cantons des départemens de l'intérieur qui languissent comme mon canton, vous créez à la France un commerce intérieur proportionné à ses besoins, et qui ne requerra plus, pour son exploitation, que des communications et des moyens de transport d'une extrémité à l'autre; et viendra, par la persévérance, le commerce d'échange des surplus avec l'étranger. Une active industrie une fois disséminée sur la surface de notre pays, les articles de luxe, dont je condamnais tout à l'heure l'excès de production, iront à leur tour satisfaire les jouissances de toutes les classes industrieuses, même celles des propriétaires oisifs.

C'est ainsi que les capitaux doivent être employés pour exercer dignement leur influence; c'est ainsi que l'agriculture et les manufactures se prêtent mutuellement leur secours pour l'avantage de tous; il suffit que les nouvelles productions s'échangent et se consomment respectivement. Il est possible qu'il y ait occasionellement surabondance et stagnation; mais ce sont de ces accidens temporaires qu'on supporte sans murmure quand déjà une aisance solide est acquise; ils sont d'ailleurs de courte durée quand la sorte de production est au rang des premières nécessités de la vie. Si la surabondance ou la stagnation fait baisser le prix du travail, les denrées et les provisions des campagnes éprouveront la même baisse, et l'ouvrier de la ville, moins occupé, trouvera une compensation dans cette baisse; et, d'un autre côté, le plus bas prix des marchandises de la ville, occasioné par la stagnation, dédommagera le producteur agricole de celui qu'il lui faudra subir à la vente de sa denrée.

Que devient maintenant, monsieur le vicomte, votre argument *que l'industrie se trouve mieux de l'argent que lui fournissent les propriétaires oisifs* (argent que vous ne voulez pas qu'il devienne capital) *que de l'argent que les capitalistes lui prêtent à gros intérêts?*

A l'égard de *ces gros intérêts*, je ne dirai pas comme vous QU'ON SACHE, mais je vous exposerai humblement que ces gros intérêts ne sont pas plus du fait intentionnel du capitaliste qu'on ne peut imputer à votre fermier les prix élevés de sa denrée, occasionés par sa rareté eu égard au nombre des consommateurs. Votre erreur, monsieur le vicomte, provient de l'oubli du principe que l'agent intermédiaire de la circulation est autant marchandise que le blé de votre fermier. Le prix de l'un et de l'autre est invariablement subordonné à leur abondance ou à leur rareté; l'intervention du législateur avec ses lois qui règlent l'intérêt de l'argent dans le commerce, resserre la circulation des espèces et restreint les opérations ; le commerce connaît mieux que l'homme d'état ce qui lui convient. Quand dans un temps d'abondance l'intérêt de cinq pour cent descend à trois, le législateur intervient-il pour le faire remonter au cinq légal? Pourquoi donc cette intervention quand les espèces deviennent rares ? Cette accusation de *gros intérêts* est une de ces erreurs qu'un homme d'état doit abandonner au vulgaire ignorant.

Je vous ai prouvé, monsieur le vicomte, l'indispensabilité, l'efficacité de l'utile emploi des capitaux ; il me reste à vous prouver, par une réflexion que me suggère l'état présent de la population, l'urgente nécessité de s'occuper sans délai de l'amélioration de nos industries agricoles et manufacturières.

La population de la France, à la restauration, était calculée de 24 à 25,000,000 d'habitans : dans le bulletin des lois publié en avril dernier elle s'élève maintenant à 31,845,428 : conséquemment, augmentation d'un cinquième dans le cours de 12 à 13 ans. La continuation d'une profonde paix, la vaccine et d'autres causes présagent pour l'avenir une proportion plus considérable d'accroissement. Je ne me permettrai pas de vous demander, monsieur le vicomte, ce que vous et vos honorables collègues avez fait depuis que vous siégez au Corps Législatif, pour préparer des moyens additionnels d'existence à la génération qui naît, à une population qui, avant vingt ans, peut excéder 40,000,000 d'habitans ; vous ne devez ce compte qu'à vos commettans, qu'à la France dont vous êtes le représentant ; vous me permettrez au moins de recommander un sujet aussi grave à votre plus sérieuse attention, et de vous prier de vous pénétrer de cette vérité, que, la population croissante, ses besoins intérieurs et ses rapports avec l'étranger demandent aux capitaux autre chose que l'oisiveté conseillée par votre système ; de vous faire observer que si ce système prévalait, vu l'élan donné à l'industrie par les autres puissances, notre destinée serait d'être incessamment le peuple le plus pauvre, le plus faible de l'Europe et le jouet de la politique des autres états.

Hâtez-vous donc, monsieur le vicomte, de vous dépouiller de cette haine pour l'industrie, le commerce, la nouvelle production, et spécialement pour les capitaux, leur père, leur bienfaiteur commun ; le gouvernement lui-même vous en donne un exemple récent ; le ministre de l'intérieur vient de déclarer à la tribune qu'*à tort on s'en prend à la trop grande production*, que *telle n'est donc pas la doctrine du gouvernement* (1). Resteriez-vous seul avec

---

(1) Nos ministres se décident donc à avoir une doctrine commerciale de leur propre, dont le principe est *qu'on ne peut trop produire*; *qu'une grande production amène une plus grande consommation, et que de là naît le véritable perfectionnement de ce qu'on appelle civilisation.* (Discours du ministre de l'intérieur, séance du 19 mai 1827). Dieu soit loué ! Voilà au moins un signe de vie depuis leur entrée en fonctions ; jusques-là ils avaient laissé au directeur des douanes et au bureau du commerce le soin de ces grands intérêts; et ce qu'il y a de plus heureux c'est que ce système, improvisé à la tribune il y a trois jours, se rapproche de la bonne économie enseignée dans nos écoles.

Quand un ministre se convertit à une saine doctrine,

quelques collègues que vous influenceriez dans les rangs d'une faible opposition ennemie du bonheur de votre pays? N'oubliez pas que Salomon, surnommé LE SAGE, en même temps qu'il fut roi, fut un grand négociant, et qu'il expédiait des flottes aux Indes pour lui en rapporter les richesses. N'oubliez pas que si notre divin rédempteur, car on ne s'adresse pas en vain à votre piété, chassa du temple les juifs qui y tra-

---

il ne serait pas convenant de lui faire une querelle sur ce que lui et ses collègues ont fait jusqu'à présent pour contrarier la marche de cette civilisation dont les progrès commencent à lui tenir tant au cœur.

Mais on peut lui demander si cette doctrine, étalée dans un discours, est autre chose qu'une théorie vague alors même qu'elle n'est pas suivie d'une application immédiate aux faits existans. Si la déclaration de ces principes à la tribune est une réponse directe à l'honorable membre (M. Bignon) qui lui demandait de communiquer à l'assemblée le résultat des recherches qu'il avait dû faire pour constater les causes du malaise et de la stagnation continue de notre commerce ; quels remèdes il entendait y apporter ; a-t-il exposé un seul fait ? a-t-il indiqué un seul remède qui puisse satisfaire la nation? La seule excuse à proposer pour le ministre est qu'une subite conversion et l'entrée au noviciat, qui se touchent de si près, donnent des espérances. Espérons donc; mais n'applaudissons que lorsque la mise en pratique aura succédé à la théorie.

fiquaient, il ne défendit pas le commerce au dehors du temple ; que, de plus, il voulut que
ses apôtres partageassent leurs occupations entre la pratique des saintes doctrines qu'il leur
enseignait, et l'exercice de leur humble profession de pêcheur ; que cet exercice n'a pas empê-
ché l'Église de les placer au premier rang des
saints qu'elle a canonisés.

Le retrait de la loi sur la police de la presse
m'a permis, monsieur le vicomte, d'élever la
voix jusqu'à vous : dans l'espérance que vous
prêterez une oreille favorable à mes réflexions,
veuillez vous unir à moi pour rendre grâces de ce
retrait à la bienfaisance de notre auguste souverain.

J'ai l'honneur d'être,

Monsieur le Vicomte,

Votre très-humble et
très-respectueux serviteur,

T.-A. M....

www.ingramcontent.com/pod-product-compliance
Lightning Source LLC
Chambersburg PA
CBHW061412060726
47597CB00003B/1034